AF243378
Couverture inférieure manquante

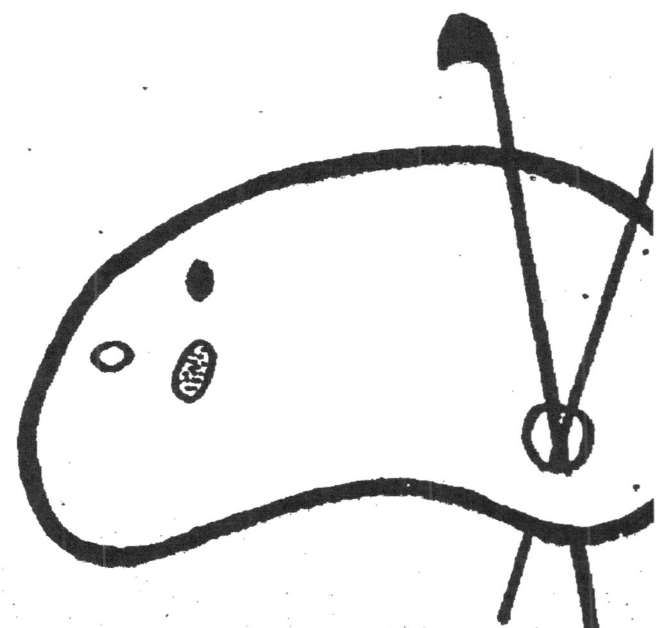

DEBUT D'UNE SERIE DE DOCUMENT
EN COULEUR

LES MISSIONS ÉVANGÉLIQUES

ET

L'ÉTAT DU CONGO

—

L'AFFAIRE MORRISON-SHEPPARD

PAR

LE Dr H. CHRIST-SOCIN

—

PRIX : 75 CENTIMES

—

EN VENTE AU
FOYER SOLIDARISTE
SAINT-BLAISE
PARIS. LIBRAIRIE FISCHBACHER
1909

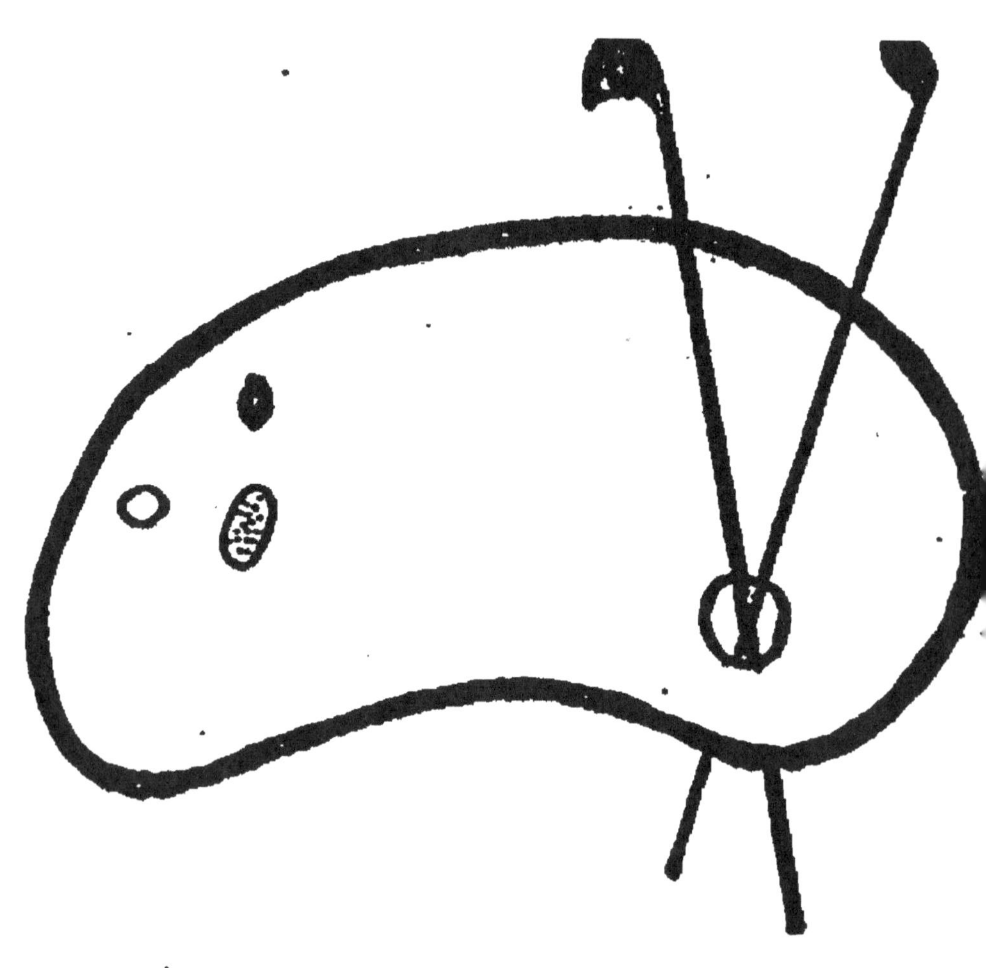

LES MISSIONS ÉVANGÉLIQUES

ET

L'ÉTAT DU CONGO

L'AFFAIRE MORRISON-SHEPPARD

PAR

LE Dr H. CHRIST-SOCIN

PRIX : 75 CENTIMES

EN VENTE AU

FOYER SOLIDARISTE

SAINT-BLAISE

—

1909

Extrait du *Signal de Genève*.

Les Missions évangéliques

et

l'État du Congo

Le monde sait enfin dans quelle direction
l'Etat du Congo s'est développé pendant les
vingt-trois années de son existence. Une véri-
table malédiction pèse sur lui! Il est menacé
de la dépopulation et de la ruine, grâce au
système implacable de terreur et d'exaction
qu'y a inauguré un roi chrétien[1]. Mais ce que
l'on ignore, ce sont les souffrances que les
missionnaires évangéliques ont endurées et en-
durent encore, au milieu de ce peuple harassé
par l'esclavage le plus dur et le plus raffiné.

Il vaut la peine de mettre en lumière ce côté
de l'histoire du Congo, honteuse pour les uns,
mais glorieuse pour ceux qui se trouvent sur la

---

[1] E.-D. Morel, *Red Rubber*, 3me édition, Londres
1907.

brèche. Quel bel exemple de patience et de foi nous donnent ces missionnaires qui, entourés d'atrocités, ne songent pas à abandonner leur peuple angoissé, mais restent à leurs postes et ne se laissent pas rebuter, même par les mesures les plus vexatoires ! C'est à eux seuls que l'on doit des renseignements sur un régime de violence qui, enfin, fait tressaillir l'Europe ; c'est à eux qu'on sera redevable du réveil de l'opinion publique qui se fait sentir et qui, Dieu aidant, mettra fin aux maux cruels du Congo.

. La presse européenne, paralysée par l'or du gouvernement congolais, répandu un peu partout, s'est effacée dans cette question. Les missionnaires anglais, américains et suédois, ont eu seuls le courage, sous l'œil soupçonneux et la puissance arbitraire des agents du pouvoir, de dire la vérité et de combattre pour un peuple rapidement décimé. L'histoire du règne de Dieu n'oubliera pas cet acte d'héroïsme.

En dépouillant les bulletins et revues des sociétés de missions qui travaillent dans le bassin du Congo, nous avons été frappé de voir pendant combien d'années les missionnaires ont gardé l'illusion que l'Etat et ses chefs, le roi Léopold II, ses conseils à Bruxelles, et même ses commissaires au Congo ne demandaient pas mieux que d'enrayer les abus: ils ont cru de bonne foi que ce régime cruel était plutôt l'œuvre des agents locaux et et qu'il suffisait de les dénoncer aux autorités supérieures pour obtenir une prompte répression. Ces vaillants missionnaires ignoraient les décisions secrètes qui, en haut lieu, étaient adressées, en septembre 1891 déjà, à tous les employés de l'Etat[1] et eurent pour conséquence fatale le travail forcé de toute la population. Cette contrainte devait être exercée avec une énergie de fer dans toute l'étendue d'un Etat qui est aussi vaste que l'Europe moins la Russie, et compte vingt millions d'habitants; ces derniers étaient abandonnés dorénavant à des agents blancs, que des primes alléchaient, ainsi qu'à des soldats et à des surveillants recrutés parmi les tribus sauvages, à l'intérieur, où l'anthropophagie règne encore.

Les missionnaires, témoins de razzias sanglantes, voyant leurs communautés noires ruinées par la famine et des travaux insensés, ne cessaient de réclamer naïvement, en toute confiance, auprès des fonctionnaires de l'Etat et même du gouverneur général, à Boma, tout en s'étonnant que les choses ne fissent qu'empirer; leur posi-

____

[1] Wauters, l'*Etat indépendant du Congo*, Bruxelles 1899.

tion devenait de plus en plus délicate, tandis qu'ils croyaient de bonne foi se rendre utiles à l'Etat et servir sa cause. Le directeur de la Congo Balolo Mission nous raconte quelle confiance touchante les missions ont témoignée, encore en 1896, au souverain de l'Etat indépendant du Congo.

A la fin de 1895, le Révérend Murphy parla à Londres, pour la première fois, du traitement cruel infligé aux indigènes et au mois de mai de l'année suivante, M. Guinness, sûr d'un bon accueil, se rendit à Bruxelles et obtint une audience du roi, qui dès le début, lui donna le conseil de ne pas être trop crédule à l'égard des noirs. Mais M. Guinness était à même de lui exposer un cas spécial : M. Sjöblom et Mme Banks, missionnaires à Bolengi, étaient présents lorsqu'une sentinelle battit une négresse parce qu'elle avait perdu une des dix-huit mains renfermées dans un panier qu'elle devait porter au poste administratif. C'étaient des mains que les soldats devaient produire au dit poste pour prouver leur zèle à faire rentrer les taxes en caoutchouc. Le nombre de ces mains a été constaté par les dits missionnaires eux-mêmes. Le roi promit des améliorations. L'avenir a dévoilé comment ces améliorations se sont réalisées !

En 1898, le Dr Guinness alla voir le colonel

Thys, chef de l'immense entreprise du premier chemin de fer congolais, homme à principes très humanitaires, qui, pendant huit ans, eut sous ses ordres 6000 à 9000 ouvriers noirs, sans permettre l'emploi du fouet de peau d'hippopotame ou d'autres peines corporelles. M. Thys encouragea le Dr Guinness à signaler, à lui ou à son directeur africain de la Société Lomami et Juapa, tous les cas de traitement inhumain commis sur des indigènes par ses agents « qui ne sont pas des anges ». Sous l'impression de cette demande, M. Guinness rédigea pour ses missionnaires les instructions suivantes, qui respirent de la confiance, voire même de la déférence envers le gouvernement congolais :

Relations avec les Compagnies commerciales.

« Les rapports de nos missionnaires avec les agents des sociétés commerciales doivent être sur un pied amical, vu l'importance légitime du commerce, du développement de l'Etat libre du Congo, et de l'introduction de l'industrie parmi les indigènes. Nous ne sommes ni fonctionnaires ni officiers de police, et encore moins des espions de leurs faits et gestes, et devons nous comporter de manière à ce qu'ils voient que nous n'avons pas l'intention de nous immiscer dans leurs affaires. Nous devons être pour eux des voisins serviables. Dans le cas où tel agent commettrait des actes contraires aux principes de sa compagnie ou bien aux principes généraux de l'humanité, la voie à suivre indiquée au chef de la station missionnaire est d'en informer le directeur africain de la compagnie ou le commissaire de district du gouvernement. »

Si, dans ces instructions, le Dr Guinness parle en premier lieu des compagnies et non de l'Etat, cela tient à ce que, à cette époque-là, on ne savait généralement pas que l'Etat avait accaparé tout le commerce du pays et s'était mis en lieu et place des compagnies commerciales; on ignorait encore que les immenses concessions de terrain cédées à plusieurs puissantes compagnies d'exploitation, donnaient à celles-ci des pouvoirs presque illimités à l'instar de l'Etat lui-même, puisque le souverain y était fortement intéressé, et qu'elles n'étaient, à vrai dire, qu'une *modification* du monopole de l'Etat. [1]

Mais le système inexorable du travail forcé, machinerie cruelle en elle-même et dans la-

---

[1] *Regions Beyond.* Special number, Jan. Feb. 1908. *The Congo Crisis*, p. 21, 24.

quelle les cruautés de détail sont un engrenage nécessaire, amena inévitablement des conflits.

Lorsque le missionnaire Sjöblom — celui même auquel le gouverneur général Wahis avait répondu par la menace de l'écrouer pour cinq ans! — rentra malade du Congo, la confiance commença à être ébranlée; mais les missionnaires transmirent encore aux autorités du Congo les plaintes qui leur arrivaient dru comme grêle et de plus en plus graves. Pour la région de l'Abir (Anglo Belgian India Rubber Company) où les atrocités s'accumulaient le plus, ils s'adressèrent au juge Rossi, homme sympathique mais paralysé par l'autorité absolue des administrateurs de la Compagnie. Bientôt, les plaintes sortirent du cadre des bulletins et autres publications des sociétés de Missions pour se répandre dans le grand public. M. H.-R. Fox-Bourne, le secrétaire de la Société de protection des Indigènes à Londres, publia son livre : « La civilisation au Congo », que suivirent les révélations de M. E.-D. Morel dans son journal : « West African Mail » et dans son livre mémorable *Red Rubber* (Le Caoutchouc Rouge).

Si les Missions évangéliques au Congo avaient imité les missions catholiques qui, longtemps — pas toujours, soit dit à leur honneur! —

se turent et s'efforcèrent de garder une cer-
taine indifférence en face de l'esclavage du
peuple, elles auraient pu se faire une existence passablement tranquille. Mais elles pré-
férèrent se charger de la croix et prendre har-
diment fait et cause pour ces pauvres noirs
abandonnés et opprimés. On a prétendu, pour
affaiblir la force du témoignage des missionnaires évangéliques, que leur antagonisme avec
les Ordres Romains, si manifestement favori-
sés au Congo, y avait joué un certain rôle. Le
Dr Guinness a répondu à ces objections en dé-
clarant que jusqu'alors (juillet 1904), les régions
des deux missions (Romaine et Congo-Balolo)
étaient assez séparées pour parer à tous les frot-
tements et permettre des relations de voisinage amicales. Il ajoute qu'il ne comprend que
trop bien que les Romains se soient abstenus de
porter plainte, parce que, pour des sociétés
belges, de telles accusations sont plus délicates
à faire que pour des étrangers, puisqu'on les ac-
cuserait de manquer de patriotisme. Il termine
en annonçant que les Ordres, eux aussi, devraient
rompre le silence, ce qui s'est accompli depuis.

Il est impossible, en somme, d'assister pas-
sivement à de certaines choses sans se sentir
complice. Et comment le missionnaire pourra-
t-il former un peuple païen pour en faire des

hommes en Christ, tandis que ces oppresseurs,
« chrétiens » aussi, étaient devant lui le règne
de Satan et l'écrasent au physique et au moral
parce qu'un souverain insatiable, en Europe, demande sans cesse du caoutchouc, jusqu'à la
dernière goutte de sang !

Dans une lettre du 5 janvier 1904, le missionnaire Stannard (Congo-Balolo Mission) s'exprime ainsi :

« Notre situation ici n'est rien moins qu'en-
viable. L'attitude de la compagnie de caoutchouc envers nous est ouvertement et active-
ment hostile. On nous fait entendre de toutes
manières que l'unique moyen de nous assurer
un traitement convenable, c'est de fermer yeux,
oreilles et bouche en face des atrocités qu'ils se
permettent. Mais cela est impossible. Depuis Noël,
autant que nous avons pu nous en assurer, dans
les districts autour de Baringa, vingt-cinq personnes environ, hommes, femmes et enfants,
ont été brutalement assassinées par les sentinelles à caoutchouc, et quelques-unes ont été
cuites et mangées. Pourrions-nous nous taire
en face de tels actes ? Notre devoir comme
missionnaires chrétiens n'est-il pas tout tracé,
abstraction faite de toutes les conséquences ?
Il y a urgence à parler, faute de quoi notre
conscience nous condamnerait. »

« Rien n'est plus rebutant — dit le Dʳ Guinness [1] — au point de vue de nos frères, que de se mettre en opposition avec les autorités du pays qu'ils ont choisi comme patrie adoptive. Se plaindre est toujours choquant, et ce n'est que la nécessité la plus dure qui les poussait au rôle d'accusateurs. Les amis de la mère-patrie n'ont aucune idée combien ce devoir envers ce peuple écrasé est pénible. Cette lutte a été mortelle pour le frère Sjöblom autant qu'un coup de soleil. »

Vraiment, la mission évangélique n'a jamais été choyée sous le règne de Léopold II. Le célèbre missionnaire Grenfell de la Société des Baptistes anglais, malgré ses mérites éminents pour l'ouverture du Haut-Congo dont a profité l'Etat, malgré la médaille d'or que la Société royale de géographie lui a décernée, ne put jamais obtenir la permission [2] d'établir une chaine de stations entre l'embouchure de l'Aruwimi et la frontière de l'Ouganda Britannique, ou d'étendre l'œuvre dans le Congo-Lualaba. Poliment — comme la ci-devant reine Ranawalona de Madagascar pour les missionnaires anglais — Boula Matari (c'est le nom que porte

---

[1] *Miss. Herald*, June 1908, n° 6, p. 179.
[2] *Regions Beyond*, Sept. 1901, p. 231.

le Souverain au Congo) déclina les instances de
Grenfell : ce serait trop dangereux pour lui, les
indigènes y seraient trop sauvages : cela pourrait amener des incidents fâcheux[1]. Et en
même temps, de nombreux missionnaires des
Ordres Romains étaient en train d'occuper
cette ligne. Aujourd'hui, cette immense étendue est absolument délaissée, car les moines y
sont morts et on ne les a pas remplacés.

Depuis que ce Souverain s'est emparé du
Congo, en 1885 (la mission Baptiste anglaise
y est depuis 1878, la mission Baptiste américaine depuis la même année, les Suédois depuis
1885)[2], il a interdit aux sociétés évangéliques
toute acquisition de terrain, ne fût-ce que
l'étendue d'un pouce, et il a maintenu cette
défense jusqu'à aujourd'hui. Ni la convention
de l'Association internationale du Congo (dont
le roi Léopold II était le *spiritus rector*) avec
l'Angleterre en 1884, ni l'Acte de Berlin de
1885[3] qui impose à l'Etat de favoriser les mis-

---

[1] Harry Johnston: *J. Grenfell and the Congo*, 1908.
[2] H. Anet : *A propos du Congo*. Bruxelles, p. 14.
[3] Cet Acte prescrit le culte libre et public de
toutes les confessions, le droit de construire des
édifices de destination religieuse, de fonder des
missions de toutes les confessions, droits qui ne
devront être sujets à aucune restriction ni obstacle

sions sans distinction de confession, ne purent gêner ce Souverain, pas plus, du reste, que les autres promesses en faveur des indigènes dont il n'a tenu aucune, sauf — soyons juste — la prohibition de l'eau-de-vie dans le Haut-Congo, ce que la Commission Royale d'enquête ne manque pas de faire ressortir.

Ce qu'on pouvait obtenir, c'était tout au plus le bail d'un emplacement pour 25 ans, mais avec des clauses restrictives telles, que plus d'une fois, les sociétés ont préféré ne pas accepter.

Un exemple[1] : la compagnie Abir déjà mentionnée, dont les droits et prétentions sont les mêmes que ceux de l'Etat, a permis à la Mission Congo-Balolo de fonder un établissement à Baringa à condition de ne s'occuper que de travaux philanthropiques, de s'abstenir de toute transaction commerciale, et d'acheter des provisions uniquement à l'usage de cette station et non pas pour d'autres. Tout cela en face de l'Acte de Berlin, qui garantit la liberté de commerce absolue dans tout le bassin du Congo.

Autre exemple[2] : à Lona-Bata, les Baptistes

---

[1] *Official organ of the Congo Reform Association.* Jan. 1906, p. 20.

[2] *Baptist Miss. Magazine.* Boston 1908, p. 287, 240.

américains ne peuvent continuer leur asile d'orphelins sans une permission du Gouvernement
qu'on leur offre avec des restrictions si injustes
et vexatoires, qu'il leur est impossible d'y sous-
crire, sous peine de dépenses ruineuses. Mais
s'ils ne subissent pas ces conditions iniques, ils
se voient contraints d'abandonner aussi leurs
écoles dans le district avoisinant, lesquelles
n'ont pas moins de 450 écoliers.

Pour deux stations indispensables, dont déjà
Grenfell a plaidé la nécessité, cette Société at-
tend en vain la décision du Gouvernement.
L'état de choses est tout semblable à celui de
Madagascar sous la tyrannie du trop fameux
Augagneur. Mais qui pourrait s'en étonner ?
Léopold II a conclu avec le Saint-Siège[1] une
entente d'après laquelle les ordres religieux ont
le droit d'acquérir le terrain qu'il leur plait pour
leur extension facultative. Où donc pourrait-on
trouver encore, dans l'immensité du Congo,
aussi vaste que le parcours de Lisbonne à la
frontière russe, quelques petits morceaux de
terre pour des stations évangéliques ?

Le cas s'est même présenté que l'Etat[2] s'est

---

[1] *New Ireland Review.* Mars 1907, d'après *Miss.
Herald (Engl. Bapt. Miss.)* Juin 1907.
[2] *Off. Org. C. R. A.* Ap. 1907.

emparé d'une station qu'auparavant les Baptistes avaient achetée ou louée de lui, sans
leur donner un autre emplacement équivalent,
comme c'était convenu.

Ces difficultés proviennent d'une crainte qui
domine tout: c'est que les indigènes, au lieu
d'employer tout leur temps et leurs forces au
travail du caoutchouc, ne prêtent quelque aide,
par ci par là, aux missionnaires. Aussi leurs
stations sont-elles partout mal vues. Lorsque la
Mission du Congo-Balolo sollicita la station de
Bosinga, la compagnie de l'Abir ratifia le bail.
Mais il fut impossible de s'y établir, car l'agent
M. Sp. interdit toute construction sur l'emplacement : lui-même, déclara-t-il, perdrait annuel-
lement cinq cents francs de primes par la diminution de la quantité réalisée de caoutchouc,
quand les noirs seraient occupés en partie pour
la mission. Il relégua donc les missionnaires
dans un endroit écarté, nommé Eala.

Une autre compagnie expulsa simplement la
dite mission d'un endroit où elle s'était établie
près du ruisseau Juapa.

Voici un petit choix de cas assez significatifs
du boycottage général qui pèse sur les missions devenues odieuses à cause de leur franc-
parler:

La station de Baringa reçut le 31 janvier

1906, de M. B., chef de factorie de la compagnie Abir, la missive suivante [1]:

« Les missionnaires, d'après la loi (quelle loi?) ont à se tenir à une distance de 10 mètres de la rive du fleuve et ne doivent pas s'avancer plus avant dans les terres; ils n'ont pas le droit de voyager par terre, mais uniquement en bateau. Je vous avertis donc, car je ferai prendre des mesures contre vous, si vous venez ici pour d'autres motifs, pour faire les juges et pour interroger les indigènes. »

Ce dernier point est en effet la pierre d'achoppement; il a eu pour conséquence de faire entourer les missionnaires, durant leurs tournées de prédications, d'une escorte militaire. Cette mesure si ingénieuse, digne invention congolaise, a été mise en œuvre tout récemment. On impose cette escorte aux missionnaires malgré leurs protestations, uniquement pour empêcher leur contact avec les noirs.

« Lorsque nous abordâmes à Mompona,
« l'officier en chef courut à notre rencontre et
« nous déclara qu'il nous enverrait une escorte
« armée sous les ordres d'un officier blanc
« qui se tiendrait tout près de nous et nous
« protégerait », raconte le missionnaire Cart-

---

[1] *Off. organ* C.R.A. Mai 1906.

wright de la Mission Congo-Balolo[1]. « Nous
« déclinâmes cette offre, mais lorsque nous nous
« réveillâmes le matin, un blanc avec des soldats
« avait établi sa tente à côté de la nôtre et nous
« barrait le chemin; on avait enjoint aux habi-
« tants du village de ne point se grouper autour
« de nous et de ne pas répondre à nos ques-
« tions. »

La même expérience a été faite par le
missionnaire Ch. Dodds, des Baptistes. Lui
aussi, avec ses compagnons, dut voyager, à partir de sa station d'Upoto, sous escorte ; mais
il pouvait converser avec les noirs dans leur
idiome, inconnu à l'officier du détachement ;
ce dernier ne pouvait retenir les gens qui se
pressaient autour des missionnaires.

Il va sans dire que la construction d'une maison destinée à l'école de Lolanga a fortement
indisposé les agents, d'autant plus que le chef
noir, un chrétien zélé, en était l'entrepreneur[2].
Les chrétiens de l'endroit racontaient au missionnaire Bond, que le blanc demanda la destruc-
tion de cette maison, puisque l'argent dépensé
provenait des « Anglais », « c'est la maison des
missionnaires ». « Non, c'est la maison de Dieu,

<hr>

[1] *Regions Beyond.* Nov. 1907, p. 309.
[2] *Regions Beyond.* May 1907.

riposta le chef noir.» Le blanc s'emporta :
« Crois-tu que les Anglais t'affranchiront, si je
te jette en prison et te mets aux fers. » « C'est
vrai, tu peux faire cela, et les Anglais ne me
délivreront guère, mais Dieu le peut. » Le
blanc cependant fut frappé. Mais le chef a tout
de même été destitué.

Un fait instructif encore: dès que le missionnaire arrive, l'agent d'Upoto renvoie im-
médiatement la brigade à caoutchouc, c'est-
à-dire les indigènes commandés à jour fixe
pour livrer leurs paniers pleins de cette mar-
chandise, et renvoie la cérémonie révoltante de
cette perception à un moment où le missionnaire est assez éloigné pour ne plus s'en scan-
daliser. On sait ce que cette perception veut
dire avec ses bonifications à peu près illusoires
en perles de pacotille, en une poignée de sel, en
cadenas et autres ferrailles pour les uns et en
coups redoublés de chicotte (fouet de cuir d'hippopotame) pour les autres.

D'autres agents boycottent le missionnaire
en agissant sur les indigènes. A Upoto, le lieu-
tenant S. a fait mettre en prison deux chefs
qui tenaient à la mission. Ce monsieur s'est
vanté d'avoir assez intimidé le peuple pour
l'empêcher à jamais de se permettre des confi-
dences au missionnaire. M. Dodds écrit que

deux maîtres d'école ont été mis au cachot.
Le dit S. a pris à un autre sa femme et l'a donnée à un tiers, puis l'a menacé de la prison s'il
ne quittait pas le village.

Ce n'est pas étonnant. Au Congo, chaque indigène, homme, femme ou enfant, ne compte
que comme une machine ouvrière et chaque
heure dérobée aux travaux forcés, par une
seule unité de ces vingt millions d'esclaves,
représente, pour cet Etat, une perte réelle en
francs et centimes.

Après une réunion à Bongondi, au centre de
cette Mongala si mal famée par les atrocités
sans nom commises par la ci-devant Compagnie,
réunion suivie avec attention et enthousiasme
par une assistance nombreuse, le chef noir,
ancien soldat, déclara à la foule dans un idiome
qu'il croyait inconnu au missionnaire, que personne ne devait raconter quoi que ce soit sur le
compte des blancs; au cas contraire ils seraient
punis après le départ du missionnaire [1].

On ne s'étonnera plus guère que le gouvernement congolais soumette les missions — les
missions évangéliques bien entendu — aux
taxes exhorbitantes en usage dans ce pays,
dans le but d'écarter toute concurrence et tous

----

[1] *Miss. Herald.* June 1907.

les témoins. Les objets introduits à l'usage des missionnaires sont taxés. Il faut payer une taxe pour chaque noir en service dans les missions. Une requête des Baptistes anglais adressée au Secrétaire d'Etat Sir E. Grey[1] expose que ce système n'est pas autre chose qu'un impôt sur la civilisation. Ce reproche est d'autant plus justifié que l'Etat du Congo ne connaît aucune éducation de ses sujets, sauf celle de la chicotte. Il abandonne les écoles et l'enseignement de ces millions d'indigènes aux missionnaires. Il n'a pas pu trouver le temps, en vingt-trois ans de domination, de songer même à l'école la plus rudimentaire. A part les deux colonies scolaires de Boma et de Léopoldville, où des orphelins se forment pour servir de caporaux ou de commis des bureaux de l'administration, le Département de l'instruction n'existe pas au Congo[2].

Et c'est logique ; comment pourrait-on trouver encore du temps pour une instruction quelconque chez un peuple qui doit chasser le caoutchouc, sans trêve ni merci, jour après jour, dans les profondeurs de la forêt, dont les

---

[1] *Off. organ* C. R. A., Apr. 1907.
[2] Rapport de la Commission d'enquête, oct. 1905, p. 241.

femmes, jour après jour doivent faire le pain
de manioc pour les milliers d'employés et de
soldats de l'Etat et dont on envoie les enfants
même dans la forêt pour chercher l'éternel
caoutchouc[1]. Des esclaves n'ont pas besoin
d'instruction ; ce ne serait que dangereux.

C'est pourquoi le plus petit chef de poste,
qui, jadis, servait peut-être comme palefrenier à
Bruxelles[2] croit pouvoir mettre sa lourde main
sur les écoles et traiter avec un suprême dé-
dain les catéchumènes des missions.

Le missionnaire Forfeitt écrit d'Upoto[3]
qu'un agent de la Compagnie concessionnaire
envoya les élèves de l'école à la forêt pour y
ramasser du caoutchouc et que, lorsque l'instituteur y fit opposition, il lui ordonna de se taire
s'il ne voulait pas être assommé. Après quoi
les parents se gardèrent bien de confier leurs
enfants à l'école, de crainte qu'ils ne fussent
envoyés dans la brousse redoutée et malsaine.
Les fonctionnaires congolais envisagent les
écoles principalement comme une invention
pour soustraire à l'Etat des forces vives, et
souvent ils disposèrent d'un instituteur formé

[1] Christ-Socin, *Das Schicksal des Kongo*, 1908, p. 67.

[2] Lefranc, *Le Régime congolais*, 1903. I et II.

[3] *Miss. Herald*, nov. 1907.

par les missions et placé par elles à la tête
d'une école.

Le missionnaire Bond donne un exemple
caractéristique de ces procédés. En décembre
1905[1], à Lolonga, un indigène, Boloba, entra
de sa propre initiative à l'école de la station
de Monsembi, et, après y avoir reçu une instruction suffisante, fut envoyé à son village
comme régent. Il y travailla en cette qualité
assez longtemps, mais un jour l'officier de
l'Etat arrive, dissout sommairement l'école et
contraint Boloba, malgré ses protestations, de
devenir capita, ce qui veut dire surveillant
dans une plantation de l'Etat. Depuis ce moment, Boloba fut, en due forme, un esclave
dans la main de l'administration; muni d'un
livret de service, il alla rouler d'un service et
d'un endroit à l'autre. Il eut à pourvoir de provisions les bateaux à vapeur, à planter du caoutchouc, etc., le tout par contrainte et avec des
contrats octroyés pour une année au moins; en
dernier lieu, il dut travailler comme pagayeur,
quoique malade. Enfin il réussit à s'évader pour
se cacher et pour présenter son cas au gouverneur général qu'on attendait en ces parages.

Une dame missionnaire, Mme Rankin, ra-

---

[1] *Off. organ C. R. A. Mars 1906, p. 10.*

conte [1] qu'elle trouva, à Bassankusu, un accueil très froid et gêné. Même ses catéchumènes (classe des « seekers ») semblaient avoir peur et n'ouvrirent pas la bouche. Lorsqu'elle voulut recommencer le culte, ils lui firent voir quelques huttes récemment brûlées, ils lui racontèrent que le blanc avait fait cela et qu'il le ferait encore s'ils continuaient à avoir des rapports avec les « Anglais ».

Le missionnaire Jeffrey, à Ikau [2], se plaint de ce que beaucoup de ses catéchumènes (inquirers), des jeunes gens qui promettent, qui sont astreints à la taxe en poissons, ne peuvent plus guère se rendre à la classe le vendredi, et presque jamais même au culte le dimanche, car ils sont obligés de passer toute la semaine au rivage pour rentrer seulement le dimanche, si les pluies les empêchent de s'emparer de la quantité exigée de poisson.

Mais une vexation toute particulière pour les missionnaires, c'est qu'il est défendu aux indigènes de leur vendre des vivres, ou au moins de les approvisionner convenablement, car le noir du Congo doit son travail tout entier à l'Etat pour le caoutchouc, pour le portage, pour four-

---

[1] *Off. org.* C. R. A. Nov. 1907, p. 15.
[2] *Off. org.* C. R. A. Nov. 1907, p. 12.

nir les vapeurs de provisions et de bois de chauffage, etc., et tout ce qu'il cède au missionnaire est un larcin qu'il commet au détriment de l'Etat.

Le missionnaire Harris à Baringa [1] constate que maintenant encore on n'a rien fait pour punir ceux qui ont enlevé aux gens d'Elongwa femmes et enfants et ont assassiné les chefs Huo et Luoli, parce que ce village a vendu à M. Harris et aux employés de la mission, la moitié d'une antilope et quelques bananes.

Le missionnaire Stannard, de Baringa, dans une requête adressée au Gouverneur général en septembre 1905, raconte ainsi un exemple du même genre [2] :

Lorsque l'officier blanc M. O. vint à Lotoko, les habitants et le chef avaient pris la fuite. Il menaça le fils du chef Longoi qui vint à sa rencontre de tuer toute la population et de ne pas laisser un seul survivant, s'ils ne remplissaient chaque quinzaine cent paniers de caoutchouc. Lorsque Longoi lui répondit que le caoutchouc était épuisé et qu'il était impossible d'en trouver encore, l'officier O. lui donna deux coups très violents et s'écria: « Tu dis que tu ne

---

[1] *Off. org.* C. R. A. Jan. 1906, p. 12.
[2] *Off. org.* C. R. A. Jan. 1906, p. 8.

veux pas m'apporter du caoutchouc, et tu apportes de la viande aux Anglais ! » Et derechef il lui asséna deux coups terribles en plein visage. « Tu leur apportes de la viande puisqu'ils l'exigent ? Qui donc crois-tu que je suis ? Suis-je un fou ? »

Qu'on se mette à la place de la famille missionnaire qui, en de pareilles circonstances, doit se procurer ses provisions ; ceux qui veulent bien les livrer, courent le risque de le payer de leur vie.

Mais qu'est-ce que tout cela, enfin, comparé aux angoisses de ces frères, quand ils se trouvent subitement mêlés à des scènes de meurtres et de mutilations, et obligés de recevoir les victimes de l'administration royale du Congo chez eux pour les soigner, au risque d'endurer de nouvelles vexations !

Une des nombreuses photographies instantanées que des missionnaires ont faites de tant de scènes de mort et de misère et la plus émouvante peut-être, est celle qui représente[1] trois chefs noirs complètement abîmés par les coups de crosse des soldats de l'agent, et qu'on apporte sur des brancards, tandis que, tout autour, les missionnaires de la station d'Upoto

---

[1] *Miss. Herald* Juill. 1907, p. 215.

se groupent avec les chrétiens indigènes, tous saisis d'une stupeur muette!

Cet agent blanc avait emmené prisonniers un certain nombre de gens et en avait fait assommer quelques-uns à coups de crosse, en y mettant lui-même la main. La cause, comme toujours, était un manque de qualité ou de poids du caoutchouc exigé. Plusieurs des captifs purent s'échapper, mais furent repris et frappés avec les fusils au point que quatre succombèrent sur place et quatre autres un peu plus tard. Les survivants durent enterrer les morts. Des trois chefs maltraités, deux étaient les pères d'instituteurs de la mission; ils durent rester quatre jours en prison sans nourriture; ils furent enfin relachés sur les réclamations urgentes des missionnaires Dodds et Forfeitt auprès du commissaire général du district, et portés par des amis à l'hôpital de la Mission où ils furent soignés. C'était le 26 mars 1907. Le 4 avril arriva une lettre de l'agent, disant qu'il avait appris que quelques chefs, responsables envers l'Etat de la livraison du caoutchouc, se trouvaient à la mission. « Cette situation causant un préjudice considérable à l'Etat, j'ose pouvoir compter sur votre obligeance pour me renvoyer les personnes citées ci-dessus, dans le plus bref délai ».

Les missionnaires, dans leur réponse, constatèrent l'état grave de ces victimes qui ne
permettait pas, pour longtemps encore, leur
retour au village; ils ajoutèrent qu'ils ne com-
prenaient guère comment on peut taxer de pré-
judiciable à l'Etat les soins médicaux donnés à
des indigènes grièvement maltraités.

Si quelque part une révolte des indigènes
éclate, ou s'ils s'opposent à une exploitation à
outrance, les missionnaires sont soupçonnés
d'en être les instigateurs. M. Padfield [1] nous dit
que ce sont eux qu'on a accusés, quand même
les combats ont eu lieu à une distance de 200
milles anglais de leur station de Baringa, contre des tribus où jamais, pour leur plus grand
malheur, aucune mission n'a pu pénétrer.

Et quelle tristesse ont éprouvée les missionnaires par suite de l'appauvrissement rapide et
du dépérissement sanitaire de cette population,
privée de toutes ressources, privée du sol natal sous prétexte de terres vacantes, privée
enfin de ses produits par une défense absolue
de les utiliser. Dans mon district [2], dit le missionnaire Padfield [3] il n'y a pas de terres va-

---

[1] *Off. Organ C. R. A.* Ap. 1907, p. 30.
[2] Et au Congo en général. (*Note de l'Auteur.*)
[3] *Off. Organ C. R. A.,* Ap. 1907, p. 30.

cantes et inoccupées. C'est un terme absolument erroné. En vain chercherait-on une partie de la forêt qui ne fût, selon les us et coutumes de ce peuple, déjà occupée par les villageois, ou une pièce d'eau qui ne fût déjà répar-
tie entre des communautés distinctes, ou un
groupe de palmiers qui n'appartînt à un village
déterminé.

Le lecteur, nous n'en doutons pas, sera à
même de se faire une idée du repos et de la
paix dont les missionnaires jouissent sous l'égide
d'un Etat comme celui du Congo.

Mais un certain jour, comme un rayon d'espérance à travers les nuages sombres, la nouvelle de l'arrivée d'une Commission royale
d'enquête se fraya son chemin jusqu'aux peu-
plades tourmentées et jusqu'aux missionnaires
angoissés du Congo. Ce n'était pas un faux
bruit : en automne 1904, cette commission, en
la personne de MM. Janssens, Nisco et de
Schumacher, parut au Congo. Ils questionnè-
rent pendant des mois, jusqu'en février 1905,
les missionnaires et les indigènes sur tous les
abus de l'administration. Rien de touchant
comme la joie du peuple et des missions à l'arrivée de ces commissaires. On fondait sur
leur intervention l'espérance de voir une nouvelle époque de justice et de lumière. Le mis-

sionnaire Harris à Baringa exprime ces senti-
ments en ces termes : [1]

« On n'aurait pas pu choisir, pour ces fonc-
tions, des hommes plus comme il faut. La patience de M. Janssens dans les interrogatoires
des témoins est des plus remarquables. Je n'ai-
merais pas avoir affaire à un juge aussi avisé
que M. Nisco si j'avais la moindre tache sur
mon gilet blanc. Le Dr de Schumacher, quoique très réservé dans ses paroles, était très
sympathique; il était visiblement navré d'entendre une telle série d'atrocités. »

En effet, ces messieurs y mettaient un soin
infini, et pataugèrent sans se laisser intimider,
dans cette mer de misère, de sang, de dépopulation, de violence et de honte pendant quatre
mois. Leur rapport, publié par le Bulletin officiel de l'Etat, le 31 octobre 1905, est d'un effet d'autant plus puissant qu'il emploie pour
ne pas choquer trop le souverain que servaient
les commissaires, un langage infiniment calme
et modéré; mais il constate en entier le bien
fondé des plaintes des missions, ou ce qui re-
vient au même, des accusations contre le régime de Léopold II.

Le témoignage rendu par ce rapport à la

---

[1] *Regions Beyond*, 1905, p. 77.

mission évangélique est très bienveillant. Il fait ressortir les vrais progrès réalisés par les indigènes sous la direction du doyen de la mission congolaise, le Rév. Bentley, dans le district des Cataractes, et s'exprime plus loin ainsi[1] :

« Le missionnaire écoute le noir, l'assiste dans la mesure de ses moyens et se fait l'écho de toutes les plaintes d'une région. De là l'autorité étonnante des missionnaires dans certaines parties du pays. Leur influence s'exerce non seulement sur les indigènes soumis à leur action religieuse, mais sur tous les villages dont ils ont écouté les doléances. Le missionnaire devient pour l'indigène de la région le seul représentant de l'équité et de la justice ; il joint à l'ascendant acquis par son zèle religieux, le prestige qui, dans l'intérêt même de l'Etat, devrait aller aux magistrats ». Ce passage classique du Rapport d'une Commission Royale n'a pas besoin de commentaire.

Le rapport se termine, du reste, assez exactement par les propositions qui sont celles des missionnaires depuis longtemps et auxquelles les ordres Romains ont fini par se rallier, malgré leur position privilégiée[2] : Restitution des

---

[1] Rapport de la Commission d'Enquête, p. 270.

[2] Lefranc, *le Régime congolais,* et le journal clérical belge « *le Patriote* ».

terres aux indigènes, abolition des travaux forcés sous prétexte de taxes, abolition du système infâme des otages, par lequel on écroue les femmes et les enfants jusqu'à ce que les hommes aient livré du caoutchouc en quantité suffisante, abolition des sentinelles noires et de leurs capitas sanguinaires, cessation de concessions ultérieures à des compagnies rapaces, abolition de la mission indigne de la magistrature aux officiers de l'administration, et même à titre d'essai, introduction du commerce libre.

Nous l'avons dit : les espérances fondées sur la commission d'enquête étaient grandes, mais comment se sont-elles réalisées ?

Le résultat non seulement en fut nul, mais on doit dire que les soi-disant réformes qui suivirent n'ont inauguré qu'une ère de pires vexations. Les mesures prescrites à titre de soulagements sont demeurées en partie lettre morte ; ou bien se sont révélées comme des moyens de contrôle odieux grâce auxquels des administrateurs pervers ont redoublé leurs exactions.

La bureaucratie implacable remplace la brutalité déréglée. Tout est plus raffiné et insupportable. Jamais commission d'enquête n'a eu un résultat aussi pitoyable. J'ai démontré cela ailleurs en détail [1]. Mais les atrocités proprement dites, les meurtres isolés ou en masse, ne doivent-ils pas avoir cessé après la visite de ces commissaires ? Lisez le récit que nous donne de ses expériences le missionnaire Kirby de Yalemba en mars 1908 !

En janvier de la dite année, ce missionnaire entreprit un voyage de prédication. Au poste de l'Etat à Yaokomo il trouva une prison bondée de 30 à 40 femmes avec leurs bébés sur les bras. L'une d'elles paraissait très souffrante. Rien d'étonnant ; elle avait accouché sur le chemin de la prison ; les sentinelles ne lui avaient pas permis de rester en arrière, et l'avaient poussée en avant pendant un voyage à pied de 40 milles anglais. Dans ce taudis, il y avait environ 100 prisonniers en tout, et la plume se refuse à décrire ce qui s'y passait.

« J'arrivai alors à Yalebolo et trouvai le village brûlé, par ordre du chef blanc ; le chef noir était mourant après des mois d'emprisonnement, des coups de crosse qu'il avait reçus ; les femmes et les enfants avait tous pris la brousse, comme des bêtes sauvages, par crainte du blanc. Le prochain village Yomongo n'était pas encore

---

[1] Christ-Socin, *das Schicksal des Kongo*, 1908. Traduction française dans l'*Evolution d'un Etat philanthropique*, 1909.

brûlé, mais le blanc avait menacé de le faire, si la prochaine taxe n'était pas abondante.

Le chef noir était abîmé, enflé et incapable de marcher par suite de coups.

Dans le village, le chef de poste avait coupé les bananes et fait arracher de terre les racines de cassave (c'est le pain du Congo) afin de forcer, par la faim, les villageois à chercher du caoutchouc dans la forêt. Dans un autre village le chef avait été assommé, les trois villages suivants brûlés et les indigènes en fuite dans la brousse. A l'entrée de village de Jombami on battait le tambour de guerre à mon approche, et les hommes vinrent à ma rencontre avec leurs lances et leurs boucliers. Mais après avoir reconnu en moi un missionnaire, ils me racontèrent que le blanc de Lingomo avait fait détruire toutes leurs plantations et avait mis de ses mains le feu à leur village. J'ai pu coucher dans la dernière hutte qui avait échappé au feu. Au village, pas trace de provisions ni d'objets de ménage, tout était détruit, tout était absolument vide. Je voulais prêcher, mais les gens me répondirent : Débarrasse-nous d'abord du blanc, et alors tu viendras nous annoncer le bon message [1] ».

Chez les indigènes, l'impression amère de la

---

[1] *Miss. Herald* Juill. 1907, p. 211.

déception, après tant d'espérances fondées sur la Commission est d'autant plus forte que les assurances les plus formelles leur avaient été données que leurs dépositions concernant les maux endurés ne leur porteraient point préjudice, tandis qu'ils ont fait l'expérience, dans la suite, que les agents de l'Etat se sont adonnés envers eux à la vengeance la plus mesquine. Et ce ne furent pas seulement les noirs, mais les missionnaires eux-mêmes qui durent faire cette expérience à leurs dépens.

Je donne ici un résumé du fameux procès Hagstrom versus Stannard. Le missionnaire Edgar Stannard à Baringa, région de l'Abir, s'est présenté comme témoin principal devant la Commission d'enquête pour mettre au grand jour les atrocités terribles et sans nombre dont cette compagnie néfaste s'est rendue coupable. C'est sous ses auspices que le chef de Bolima, Lontulu, a énuméré et prouvé surabondamment les meurtres commis par les soldats du commandant Hagstrom, de l'Etat du Congo, et de M. Forcie, agent de la Compagnie, et que l'on peut lire dans le protocole détaillé rédigé par les missionnaires Stannard [1] et Harris [2].

---

[1] Pierre Mille. *Le Congo Léopoldien.* II. Les témoignages, p. 90.

[2] *Off. organ* C.R.A. Mai 1906, p. 11.

Ce même commandant Hagstrom s'empara du chef Lontulu, après le départ de la Commission d'enquête, sous prétexte que les missionnaires désiraient lui parler, comme ceux-ci le constatèrent par le témoignage des fils de Lontulu [1]. Hagstrom emmena ce chef en prison, faisant savoir à sa tribu que sa délivrance ne pourrait s'obtenir que par des prestations abondantes en caoutchouc. Le vrai motif de cet acte : la vengeance pour les dépositions si compromettantes devant la Commission, était trop évident pour que MM. Stannard et Harris gardassent le silence. Ils en firent donc part à M. E. D. Morel qui publia tout à Liverpool, dans son journal *West African Mail* (octobre 1905). Hagstrom déposa une plainte en diffamation contre Stannard auprès du tribunal de Coquilhatville (Haut-Congo); on ne sait pas pourquoi il n'attaqua pas aussi M. Harris. Peu importe. L'accusation était basée sur la publication des dépositions des témoins devant la Commission et sur la relation de l'arrestation de Lontulu dans le dit journal. C'était au mois de juin 1906, M. Stannard était sur le point de partir pour l'Europe, en congé et pour cause de santé. Devant la justice, Hagstrom produisit

______

[1] *Off. organ* C. R. A. Nov. 1907, p. 26.

son prisonnier Lontulu comme témoin, et le malheureux ne put faire autrement que de nier d'avoir accusé le commandant devant la dite Commission. Le tribunal ne manqua pas de condamner le missionnaire Stannard. Notons qu'à l'époque de l'accusation, la loi congolaise en vigueur [1], art. 19 du Code pénal, punit la calomnie malicieuse de l'amende jusqu'à 1000 fr. et de l'emprisonnement jusqu'à un an, mais que, plus tard, pour intimider suffisamment des témoins importants, on a promulgué une autre disposition pénale qui porte jusqu'à cinq ans de prison la punition pour dénonciation calomnieuse [2]. Le consul anglais, M. Armstrong, qui avait défendu M. Stannard déjà en première instance, fit de son mieux pour intéresser le Foreign office à ce cas [3], et M. E. D. Morel, le champion infatigable de la liberté des indigènes, remplissait ses journaux, l'*Organe officiel de l'Association pour la Réforme du Congo* et le *West African Mail* de protestations véhémentes. Il y eut même à Liverpool, le 12 avril 1906, une assemblée de 1500

---

[1] Lettre du Foreign Office Anglais, 27 Avr. 1906, dans l'*Off. org.* C.R.A. Mai 1906, p. 9.

[2] *Off. organ* C.R.A. Avr. 1906, p. 1; Mai 1906, p. 9.

[3] *Off. organ* C.R.A. 1906. Ap., p. 8.

personnes qui manifestèrent leur indignation[1].

Chose étonnante, les vexations, tiraillements, délibérations, comparutions, voyages sans fin causés par ce procès auraient bien pu coûter la vie à M. Stannard, épuisé comme il l'était. Mais l'affaire a tourné autrement, comme cela est arrivé si souvent en pareil cas dans l'histoire du Règne de Dieu. M. Stannard en appela au tribunal supérieur de Boma, et, le 20 août 1907, il fut acquitté par une longue et savante sentence, commentée amèrement par M. Morel, et en effet fort remarquable[2].

Ce jugement nie l'intention calomnieuse (animus injuriandi) de l'accusé, rejette la responsabilité des publications sur le rédacteur, M. Morel, et finit par déclarer que le tout ne saurait entacher en quoi que ce soit la parfaite honorabilité du commandant Hagstrom.

Il est permis d'en conclure que les choses ont subi quelque changement depuis que le colonel Thys a encouragé expressément les missionnaires à avoir l'œil sur les abus et à les signaler. Aujourd'hui, l'épée de Damoclès de cinq ans de réclusion dans une geôle du Congo est suspendue au-dessus de la tête de celui qui se

---

[1] *Off. organ.* Apr. 1908, p. 1.
[2] *Off. organ.* Nov. 1907, p. 27.

met à dénoncer ces civilisateurs ! C'est incroyable : encore au début de l'année 1908 le missionnaire Jeffrey, d'Ikau, a été cité devant le juge pour avoir fait un rapport sur des abus commis dans ce district [1].

Nous ignorons le dénouement de ce procès.

Des nouvelles récentes provenant du missionnaire Whitehead à Lukolela, nous apprennent que sous le régime nouveau, depuis que l'Etat Belge a remplacé l'Etat indépendant du Congo, les écoles ne jouissent pas encore d'une considération digne d'elles.

Sous la surveillance de la mission existe, à Mibenga, une école à laquelle est préposé un instituteur de la mission, du nom de Mombele. Un jour, deux officiers avec leur suite s'y présentèrent. A leur approche, la plupart des villageois prirent la fuite, probablement pour se soustraire à la contrainte du portage. L'instituteur et les écoliers, forts de leur innocence, restèrent. L'officier s'empara d'eux, demanda le registre de l'école, prit les noms, et l'instituteur fut mis à la chaîne ou à la corde, malgré ses protestations qu'il était absolument étranger à la fuite des autres gens du village. Il fut écroué pour la nuit avec 25 autres prisonniers. Cet instituteur, immatri-

___

[1] *Regions Beyond*, mars 1908, p. 71.

culé dans les registres de l'Etat civil, possède
tous les droits des citoyens, des droits meilleurs
peut-être que l'officier qui peut bien être un
étranger, mais se trouve dorénavant dégradé
aux yeux de la population. Pour ce qui con-
cerne les jeunes gens faits prisonniers, des écoliers de Mombele pour la plupart, on en relâcha
quelques-uns ; d'autres, la corde au cou et atta-
chés ensemble pour former la caravane habi-
tuelle à l'instar des traitants arabes, ont
été envoyés comme porteurs à travers les ma-
rais à une distance de 20 journées jusqu'à la
station de l'Etat. Là, toujours la corde au cou,
ils durent travailler 20 à 30 jours en punition
de forfaits non commis. M. Whitehead s'est con-
vaincu, dans les huttes de ces jeunes gens, que
tous étaient parfaitement en règle quant à leurs
impositions. Un de ces jeunes gens est mort
plus tard à la suite de ce voyage, un autre a été
emporté par une pneumonie pendant son travail forcé.

Le missionnaire Whitehead termine son récit
par cette réflexion qu'en général les exigences
de l'Etat relativement au travail des indigènes
ruinent les écoles. Les gens n'ont plus de temps
pour l'école. Un traitement aussi barbare que
celui subi par l'école de Mibenga donne au
peuple la conviction que l'Etat est hostile à

toute instruction et tâche de supprimer les écoles où il le peut, que les païens ont donc raison de prévenir les gens contre l'établissement d'écoles [1].

Et cela se fait sous le nouveau gouvernement colonial, sous le contrôle de l'Etat Belge constitutionnel !

Car depuis septembre 1908 le roi Léopold II a cédé le Congo à la Belgique dont il est devenu une colonie, et les partis politiques se querellent vivement pour savoir dans quel esprit cette nouvelle acquisition doit être administrée, au point de vue surtout des indigènes. En face des déclarations si vagues et si évasives des ministres devant les Chambres Belges, les amis des noirs et des missions sont plutôt découragés. Ces messieurs parlent d'un nouvel essor économique du pays par les plantations de caoutchouc en gros, en lieu et place de la liane croissant spontanément et à peu près épuisée; ils parlent d'un développement énorme des mines de cuivre du Katanga, les plus riches du monde : d'entreprises donc, qui exigeraient encore plus d'ouvriers « par contrainte » que la récolte du caoutchouc actuelle. Et n'oublions pas que c'est le même homme qui restera souverain du Congo

____

[1] *Off. org.* C. R. A. Apr. 1909, p. 128.

en sa qualité de roi des Belges, et que c'est de lui que dépend la nomination du ministre de la colonie et de la majorité du conseil colonial.

Dieu soit loué, nos amis, là-bas, ne se laissent pas paralyser par ces craintes ! Ils sont loin d'une défaillance pessimiste. Au milieu des crises les plus amères ils ne se sont point abandonnés à des plaintes démesurées : c'est ce qu'on peut constater en parcourant leurs lettres publiées dans les recueils et bulletins de leurs sociétés. Et si la pensée d'un abandon de ce champ de travail dévasté les a effleurés, jamais ils ne l'ont mise en pratique. Ils savent que la mission de Jésus-Christ survit aux tyrannies.

En 1904, la conférence des missions américaines congolaises a soumis au Congrès un mémoire pour lui déclarer que l'avenir de leur travail est réellement compromis. Par suite de la défense d'acquérir des terrains sous tous les prétextes possibles, toute garantie de continuité pour l'œuvre missionnaire est mise en doute. La société de la Foreign Christian Mission, qui avait acheté des Baptistes, il y a quelques années, la station de Bolengi, a dû songer à se retirer à cause des difficultés qu'on lui a faites. A toutes les stations de l'intérieur, la mission travaille au milieu d'une population qui disparaît rapidement sous la crainte continuelle d'at-

taques par une soldatesque barbare et sous les
peines sévères qui la frappent chaque fois qu'elle
ne peut satisfaire aux insatiables exactions de
l'Etat. « Nos missionnaires ont donc de quoi se
plaindre à l'égard de leur travail, mais leur rôle
actuel, c'est de rendre témoignage de l'injustice
qui écrase cette population [1]. »

La question difficile d'une retraite est tou-
chée par le missionnaire S. E. Moon des Baptistes américains à Kimpesi (juin 1904) [2] :
« Qu'est-ce qu'un abandon signifierait ? Certai-
nement l'absorption de tous nos champs de travail par Rome ; en outre, l'Etat serait libre de
pousser sa politique d'oppression jusqu'aux dernières limites sans qu'aucune voix ne s'élève
plus en faveur des indigènes ; une civilisation
sans Christ se développerait au Congo ; l'isla-
nisme qui déjà se fraie une route si large jusqu'au cœur de l'Afrique, ferait au Congo une
entrée triomphale ; des portes aujourd'hui lar-
gement ouvertes se fermeraient. Et nos frères
et nos sœurs devraient renoncer à l'œuvre de
leur vie et à toutes leurs espérances. L'abandon dans ces conditions, serait une trahison ».

Nous sommes particulièrement frappés par le

---

[1] *Bapt. Miss. Magazine,* 1904, p. 180.
[2] *Ibid*, p. 231.

·calme des rapports du *Missionary*, l'organe des
Presbytériens américains qui travaillent au Kasai, une province particulièrement exploitée par
une Compagnie qui travaille de compte à demi
avec l'Etat. Rarement, à peine une fois par an,
·cet organe élève sa voix contre les op,,ressions.

Ce silence des frères de la Mission presbytérienne tient aussi à ce que les exactions de
la Compagnie du Kasai n'ont été poussées à
·un degré intolérable que vers l'année 1907.
A cette époque, l'état de choses était si la-
mentable que le missionnaire Dr Sheppard
lança, le 1er janvier 1908, une émouvante pro-
testation dans le journal de la Mission, le
Kasai Herald, édité par le Dr Morrison, chef
·de la mission à Luèbo. A propos de cet arti-
·cle, une correspondance s'est engagée entre le
Directeur de la Compagnie et le Dr Morrison,
où ce dernier s'exprime ainsi sur la situation
·créée à sa Mission par les procédés des agents
de la Compagnie :

« Je ne doute pas que vous et d'autres
employés de la Compagnie, et peut-être aussi
les officiers de l'Etat (car je sais que ces deux
catégories n'en font qu'une) m'accuserez de
me mêler d'affaires qui ne concernent pas
la mission, mais je tiens à démontrer que c'est
·uniquement comme représentant de celle-ci

que je vous accuse. Les intérêts des missions à
l'égard des indigènes méritent d'être sauvegar-
dés tout aussi bien que ceux de l'Etat ou des
Compagnies, quoique vous ayez peine à com-
prendre que les intérêts du gain ne soient pas
les seuls admissibles en ce pays.

Vu que, dans bien des villages, les gens
n'ont plus le temps d'aller à l'école et à l'é-
glise, étant employés toute la journée à la
récolte du caoutchouc ; vu que beaucoup de ces
gens m'ont déclaré que vos agents leur ordon-
nent de faire du caoutchouc et d'abandonner
les réunions de la Mission ; vu que, dans un cas
au moins, un village où nous avions deux évangélistes était sur le point de partir et de fuir
dans la brousse parce que le fils du chef a été
arrêté à plusieurs reprises par votre agent à
Zappo Lulua, ce que vous savez déjà depuis
plusieurs mois, sans que cet agent ait été rap-
pelé, et sans que ce crime ait empêché son
avancement...

J'attends votre prompte visite dans cette
région. Vous trouverez un immense champ d'activité pour développer l'intérêt que vous pré-
tendez avoir pour les indigènes. » (*Livre blanc
angl. Afriq.* I (1909) 44).

On ne saurait indiquer mieux combien, au
Congo, le travail du missionnaire est entravé

par l'esclavage qui pèse sur ce pays et combien est injuste et impossible le conseil qu'on a donné aux missions de ne s'inquiéter que de leur métier. C'est justement en s'en inquiétant qu'elles se trouvent dans la nécessité de lutter. Ajoutons encore, à titre de curiosité, que cette Compagnie du Kasai répond invariablement à ces réclamations ceci :

« Notre Compagnie travaille uniquement d'après le principe de l'offre et de la demande; les indigènes ne sont pas forcés de faire du caoutchouc pour nous qui, ne percevant pas d'impôts, n'avons ni les pouvoirs, ni les moyens de les astreindre au travail, » (*Livre blanc* angl. Afr. I (1909) 41).

Du reste, nous serions injustes de mettre toutes les rigueurs dont souffrent les missions protestantes au Congo sur le compte des fonctionnaires et des employés de l'Etat. Ce n'est que la haute direction et le système que nous accusons sans réserves, mais nous sommes heureux de constater qu'on trouve aussi au Congo des agents du Gouvernement, à tous les degrés de l'échelle, qui déplorent les premiers l'abomination du système de la contrainte, et qui vivent en excellent voisinage avec les missions. Vandervelde, dans son livre : *Les derniers jours de l'Etat du Congo* (p. 158) en cite un exemple. Lors de sa visite à la station d'Upoto (Baptistes anglais) il a été étonné de la cordialité des relations qui régnaient entre les missionnaires (les époux Forfeitt) et les officiers qui commandent le poste de l'Etat à Lisala.

« Les missionnaires sont toujours sur la brèche quand il s'agit de dénoncer des injustices et des abus, mais ils n'ont aucun motif pour ne pas aimer et estimer d'aussi excellents hommes que le commandant H. ou le capitaine M. Et ceux-ci le leur rendent bien ! »

J'ai cru devoir citer ce passage pour prouver que les missionnaires n'ont point de parti pris et seraient heureux d'une entente cordiale avec l'Etat si leur conscience le permettait.

Il est curieux d'entendre le jugement du socialiste Vandervelde sur l'activité de ces missionnaires.

« Tout le prosélytisme religieux de M. et Mme Forfeitt n'empêche pas qu'en sortant de leur école les jeunes noirs sachent lire, écrire, calculer, et deviennent, en somme, les meilleurs éléments des villages indigènes. »

Voici encore l'opinion d'un membre du parti clérical.

Le comte d'Ursel, qui possède au Mayombe des plantations étendues appelées Urselia, et qui, le 2 sept. 1908, a défendu vaillamment, au Sénat, la dignité humaine des noirs, a rendu dans la séance du 27 août 1908, un remarquable témoignrge à l'influence des missions évangé-liques. En recommandant au gouvernement d'en-voyer au Congo des agents mariés, puisque la présence d'une seule femme blanche honnête suffit là-bas pour exercer une influence bienfai-sante sur tout un groupe d'Européens, il ajouta :

« Le respect général dont jouissent les soi-disant missionnaires protestants tient entre autres à la correction de leurs mœurs, et beaucoup sont au Congo avec leurs femmes. »

Mainte fois, les lettres des frères exhalent leur reconnaissance joyeuse envers Dieu pour la bénédiction qu'Il a accordée au courage endu-rant de ses messagers au Congo [1].

Le missionnaire Weeks, des Baptistes an-glais résume ainsi les victoires de la Croix au courant d'un travail de vingt cinq années [2] :

« Il y a vingt-cinq ans, pas un chrétien indi-gène ne se trouvait au Congo. Maintenant (fin 1907) il y a plus de 2500 membres baptisés des

---

[1] *Lettre du Missionnaire Crisl. Davis* à Yalemba et « A happy Sunday » in *Miss. Herald*, Avr. 1908, p. 109.

[2] *Miss. Herald*, oct. 1907, p. 297.

Eglises indigènes. Auparavant, aucun indigène ne savait écrire. Maintenant, des milliers d'hommes et de femmes lisent la Parole de Dieu, et plus de 8500 enfants fréquentent nos écoles. Auparavant, il n'y avait pas de langage écrit au Congo. Actuellement, nous nous sommes rendus maîtres de sept langues, et il y a des parties de la Bible et d'autres livres imprimés dans ces idiomes.

Jadis, les *féticheurs* tenaient la population dans la servitude. Maintenant, les jeunes gens apprennent à leur grand étonnement que leurs pères pratiquaient de telles coutumes. Jadis, l'Evangile était bégayé à trois ou quatre endroits, où les missionnaires avaient pu s'approprier quelques phrases de la langue indigène. A l'heure qu'il est, le message du salut en Jésus-Christ est prêché en sept langues, jour après jour, dans 350 stations et annexes. Alors, les indigènes volaient comme des pies et ne lâchaient jamais ce qui tombait sous leurs griffes. Aujourd'hui, ils donnent, pour les besoins des missions, plus de 350 livres sterling par an : somme merveilleuse pour quiconque a une idée de la misère du peuple. Dieu en soit loué. »

Déjà la Commission d'enquête a constaté que les missions ne négligent point l'éducation industrielle de leurs chrétiens. Un rapport du

missionnaire Bowskill [1] à San Salvador donne
d'intéressants aperçus de cette activité industrielle, comme aussi le professeur Emile Vandervelde, ce socialiste belge au cœur généreux
qui, lors de sa visite de Noël au Congo, s'est
mis en relation avec le missionnaire Whitehead.
A la vue des constructions si réussies qui en-
vironnaient la station, du mobilier varié dont
elles étaient ornées, il s'écria : « Mais vous de-
vez avoir ici d'autres blancs? » A son grand
étonnement il apprit que cela n'était pas le cas,
mais que tout était l'ouvrage des noirs. « Il
y a encore au Congo des gens qui aiment les
noirs. Ici on forme des hommes, on crée une
élite. » Voilà le commencement et la fin de la
lettre du vaillant professeur [2].

Le missionnaire F. Oldrieve de la station
baptiste Wathen écrit (fin 1908) [3] que 427 bap-
têmes ont eu lieu dans une année, et que cette
seule station compte 1800 membres de l'Eglise.
Le besoin général d'une instruction plus appro-
fondie se fait sentir, particulièrement chez les
évangélistes. 220 membres de l'Eglise et instituteurs ont demandé, l'année passée, une semaine
à part pour des leçons consacrées à des études

---

[1] *Missionary Herald*, mai 1908, p. 143.
[2] *Ibid.,* déc. 1908, p. 370.
[3] *Ibid.,* nov. 1908, p. 330.

religieuses, et cette année à peu près le même nombre se sont présentés.

Les Baptistes américains et anglais se sont réunis avec les Suédois et ceux de l'Alliance américaine pour fonder une « Training institution » commune pour les aides indigènes du Bas-Congo [1]. Cet établissement doit être bâti à Kimpese près du port de Matadi et du chemin de fer, où les Américains possèdent un terrain depuis de longues années. On y donnera d'abord un cours pour les aides déjà en service. La vie doit y être réglée d'après les habitudes nationales. On a en vue aussi des cours pour les femmes et fiancées des évangélistes et des instituteurs, parce qu'on ne saurait trop apprécier le concours des femmes dans l'œuvre missionnaire. N'est-il pas réjouissant de voir que le zèle missionnaire sait écarter les barrières nationales et même confessionnelles dans un esprit vraiment évangélique ?

J'énumère ici les missions évangéliques qui travaillent au Congo [2] :

1. Les Baptistes anglais avec 11 stations dans le Haut et Bas-Congo.

2. Les Baptistes américains avec 8 stations dans ces deux parties du pays aussi.

---

[1] *Missionary Herald*, janv. 1908, p. 19.

[2] H. Anet : *A propos du Congo*, Bruxelles, p. 14.

3. La mission suédoise avec 7 stations dans le district des Cataractes.

4. Le Congo Balolo Mission de Londres, avec 6 stations, Balolo, Lulanga, etc.

5. La mission de l'Eglise Presbytérienne des Etats-Unis, Nashville (Tenn.), avec 2 stations au Kasai.

6. La Société américaine chrétienne des missions étrangères : 1 station dans le district de l'Equateur.

7. La mission indépendante Westcott : 1 station à Sankuru.

8. L'Alliance des missions chrétiennes américaines avec 5 stations dans le district des Cataractes.

D'après les renseignements que les missionnaires nous fournissent, le nègre du Congo est encore très primitif, et a conservé, malgré le frottement prolongé avec les Arabes, ses mœurs aborigènes dans une remarquable intégrité. Toutes ses coutumes païennes ataviques et horribles dont les plus affreuses sont l'inhumation de femmes vivantes des chefs avec leur mari défunt, et l'anthropophagie, ont été constatées par les missionnaires dans le Haut-Congo ; mais en même temps il possédait une industrie indigène très originale et très avancée qui fournissait entre autres des objets en fer d'un fini remarquable.

Une organisation qui n'est pas à dédaigner sous des chefs de village existait partout. De gros villages très rapprochés s'échelonnaient sur le fleuve avant la dévastation du pays due à la chasse au caoutchouc, et entre les villages avaient lieu des marchés, soumis aux mêmes règles fixes et anciennes que nos foires dans les campagnes de l'Allemagne du Sud ou de la Suisse [1].

Malgré la polygamie des chefs et la condition inférieure de la femme, l'attachement familial est développé, et la déférence de tous les nègres envers les Européens, qu'ils sentent leurs maîtres en toutes choses, semble poussée particulièrement loin au Congo. Quel champ missionnaire ce serait, si l'avidité atroce de son souverain n'en avait pas réduit les meilleures parties à l'état de désert !

Mais cette oppression même semble pousser le noir du Congo vers la Bonne Nouvelle. Son visage sombre s'éclaire quand il s'approche de l' « Inglesa » et quand il apprend de lui le message inouï d'une rédemption. Et si, pour le moment, il ne saurait saisir cette rédemption que comme la délivrance du caoutchouc, il ne tarde pas à en arriver à l'aspiration de la rédemp-

---

[1] Wauters : *l'Etat Indépendant du Congo*. Bruxelles 1899, le meilleur ouvrage sur le Congo.

tion dans un sens plus élevé. Par ci par là, un missionnaire peut même nous signaler un réveil, qui n'est pas toujours exempt de surexcitation. J'ai l'impression que le Congolais est plus accessible et plus ouvert à l'amour chrétien que l'homme de la Côte d'Or, choyé un peu trop depuis un siècle par le régime anglais. Le nègre qui acquiert une fortune tombe facilement dans l'outrecuidance. Au Congo, ce n'est guère cette tentation qui le menace. C'est pourquoi quelques notes joyeuses, grâce à Dieu, se mêlent aux plaintes des missionnaires sur la misère d'une nation terriblement décimée et en voie d'extinction sous la poigne inexorable de son maître. Cette dépopulation est le fardeau qui pèse sur les missions. La faim, l'inquiétude et le découragement favorisent la maladie du sommeil qui ravage le peuple; on s'enfuit au delà des frontières ou dans la forêt ; ces hommes s'étiolent et s'en vont comme des plantes arrachées du sol nourricier.

Le long des grandes rivières, où du temps de Stanley et de Grenfell, des villages de dix mille âmes et plus s'alignaient l'un à côté de l'autre, règne aujourd'hui le silence de la brousse : on évalue la diminution de la population depuis le règne de Léopold II à trois millions d'âmes.

La Commission royale d'enquête s'exprime ainsi :

« Il est certain qu'une grande partie de la population a dû disparaître, car à partir du Stanley-Pool jusqu'à Nouvelle-Anvers et même plus haut, les rives du fleuve sont presque désertes [1]. »

Qu'on lise les évaluations de la décroissance de cette population donnée par le missionnaire Weeks dont les observations se sont suivies pendant treize ans [2].

Qui donc sauvera ce peuple, le plus malheureux de la terre ?

Les amis des missions ont une réponse à cette question : Psaume 37.7 : *Garde le silence devant l'Éternel, et espère en lui.*

---

[1] *Rapport de la Commission d'enquête*, p. 236.
[2] E. D. Morel, *Red Rubber*, p. 55.

L'affaire
Morrison-Sheppard

Depuis que ces lignes ont été écrites, qui aurait osé croire que le hideux spectacle d'un procès pour diffamation pût jamais se renouveler parce que les missionnaires évangéliques prennent la défense des indigènes contre les exactions écrasantes des compagnies, procès qui est l'imitation exacte de celui intenté au Rév. Stannard il y a trois ans ?

Et pourtant, rien n'est plus vrai.

Voici les faits.

Deux missionnaires, M. Morrison et le D' Sheppard, qui depuis une longue série d'années dirigent la station de Luebo, au Kasai, ont accusé la compagnie qui exploite le Kasai de compte à demi avec l'Etat d'actes illégaux et barbares. Notons que cette fois c'est la mission des presbytériens américains qui élève sa voix en faveur des indigènes, mission dont nous avions relevé le laconisme et la retenue au point de nous en étonner.

Mais il semble que les abus aient augmenté autour de leur résidence, à un degré qui ne leur permettait plus de se taire.

Non seulement dans des lettres, vibrantes d'indignation généreuse, adressées aux directeurs de cette compagnie, mais aussi dans un article que le Dr Sheppard a publié dans son journal missionnaire : le *Kasai Herald* du 1er janvier 1908, ces missionnaires ont rendu ces fonctionnaires responsables du dépeuplement et de la ruine du pays :

Vu que dans quelques villages les gens n'ont plus le temps de labourer leurs champs à cause de l'énorme quantité de caoutchouc qu'on leur demande ; vu que vos agents exigent que les indigènes coupent la liane pour obtenir rapidement beaucoup de caoutchouc, ce qui appauvrit le pays et les habitants, et les empêche constamment (*permanently*) d'assister au culte et de fréquenter les écoles ; vu que la population décroît constamment et que leur esprit est complétement brisé : voilà quelques motifs en vertu desquels, dans l'intérêt de nos missions elles-mêmes, nous protestons contre les procédés de la compagnie[1].

A ces accusations, les directeurs opposent constamment l'assertion que ce n'est que le système de l'offre et de la demande qui les di-

___
[1] *Lettre* de M. Morrison au directeur Chaltin du 18 août 1908.

rige dans leur commerce avec les indigènes et
que les indigènes sont parfaitement libres (!) de
« vendre » du caoutchouc ou non; et nous ne
doutons pas que ces hommes si habiles n'aient
ménagé soigneusement toutes les formes au
point de rendre quasi impossible aux missionnaires la démonstration du bien fondé de leur
accusation.

Mais est-il admissible que ces missionnaires
aient inventé des abus uniquement pour se
heurter contre les vengeances d'hommes tout
puissants au Congo ?

Notons aussi que le consul anglais Thesiger,
dans son rapport officiel à son gouvernement [1],
confirme *de visu* tout ce que ces missionnaires
ont avancé, en alléguant, à l'appui, des exemples
minutieusement détaillés.

Forts de leur position inattaquable, comme
agents, non-seulement d'une compagnie, mais
surtout de l'Etat Belge lui-même, forts du nouveau prestige que le gouvernement congolais a
su se donner en cédant — pour la forme — la
colonie à l'Etat Belge, et désireux de se débarrasser une fois pour toutes d'une surveillance
aussi gênante, ces directeurs ont cru bien faire
de traîner ces missionnaires, dont la bonne foi

---

[1] *Rapport* du 14 sept. 1908 : *White book* Afr. N° 1,
1909.

et la bonne conscience sautent aux yeux, devant la justice congolaise en les citant devant le tribunal de Léopoldville, distant de 1600 kilomètres de leur domicile de Luebo. C'est un voyage de quelques semaines, un déplacement pour des mois entiers, des débats et des déboires sans nom dans ce climat délétère, et en perspective une condamnation qui peut aller jusqu'à 5 ans de prison, — prison *au Congo* — ce qui équivaut à la mort[1]. Et tout cela à l'égard d'hommes qui depuis 15 ans se sont dévoués corps et âme au relèvement des sujets de Sa Majesté le Roi des Belges, tout cela après les protestations de tous les hommes de bien en Angleterre, en Amérique et à peu près partout contre la continuation d'un système qu'on a l'audace de perpétuer jusqu'à la ruine totale de l'Afrique centrale!

On dit que le Secrétaire d'Etat des Etats-Unis M. Knox est intervenu pour obtenir de la Belgique un sursis au procès, ou tout au moins un tribunal plus rapproché.

Mais puisque l'Amérique n'a pas reconnu la cession du Congo, il nous paraît que M. Knox n'aurait qu'à contester la compétence du tri-

---

[1] Cette loi nouvelle qui augmente de quatre ans la peine de l'ancienne loi a été promulguée pour réduire les missionnaires au silence.

bunal congolais belge et à exiger la procédure devant le tribunal consulaire américain.

Voilà comment l'on continue à traiter les missions évangéliques au Congo, après l'annexion par la Belgique et après toutes les promesses d'une amélioration de ce régime exécrable! Est-ce que les chrétiens resteront muets en face de cette persécution très civilisée, mais doublement brutale [1] ?

Nous apprenons que le 30 juillet dernier le tribunal congolais a jugé les missionnaires accusés, MM. Morrison et Sheppard, et que la Compagnie du Kasai, qui est de compte à demi avec l'Etat belge, a demandé à ces missionnaires la bagatelle de fr. 80,000 de dommages-intérêts pour le préjudice que cette Compagnie aurait subi par suite du cri de douleur poussé dans la petite feuille locale missionnaire, le

---

[1] La façon d'agir de l'Etat du Congo est contagieuse. Comme elles ont imité ses pratiques, fait rétablir l'esclavage, d'autres colonies suivent son exemple pour se débarrasser des missionnaires évangéliques qui dénoncent leurs abus. A peine la nouvelle du procès Morrison-Sheppard se répand-elle, que voici le Congo portugais qui imite cet illustre exemple. Le dernier rapport des Missions baptistes anglaises raconte que le missionnaire Kirkland, à Mabaya, a été cité, pendant la saison pluvieuse, devant la justice, sous prétexte qu'un.

Kasai Herald, le 1er janvier 1908. En cas de non paiement, la peine serait commuée en cinq ans de prison.

Reste à savoir ce que les Etats-Unis, ordinairement si jaloux de l'honneur et de l'inviolabilité de leurs citoyens, diront des vexations et de la condamnation (plus que probable) d'hommes qui, seuls dans ces régions infortunées, ont soutenu la cause de la liberté et de l'humanité avec un courage au-dessus de tout éloge.

En attendant, les Sociétés de protection des indigènes du Congo se sont ébranlées et ont tâché d'intéresser le public à cette question si grave.

- La Congo Reform Association américaine a soumis, le 19 juillet 1909, au président des Etats-Unis, M. Taft, la requête suivante, émanée de la Ligue suisse :

. La ligue a pris connaissance des persécutions auxquelles les missionnaires américains MM. Mor-

chef indigène l'aurait accusé de sédition contre le gouvernement portugais. On a dû l'acquitter faute de preuves, mais il a dû interrompre son travail, faire un voyage pénible, malsain et très coûteux de huit jours jusqu'à la côte et retour, pour rien du tout. Il est évident qu'il y a un système prémédité sous toutes ces tracasseries : on veut en finir avec les témoins de la vérité.

rison et Sheppard sont exposés par les directeurs de la Compagnie du Kasai, qui exploite cette région pour le compte de la colonie belge du Congo.

Si les Etats-Unis avaient reconnu la cession du Congo à la Belgique, il serait difficile d'intervenir au profit de ces hommes courageux et dévoués. Heureusement, le gouvernement américain a refusé de reconnaître cette annexion.

Par conséquent, il n'est point tenu de tolérer que des citoyens américains soient soumis à un procès devant des juges qui, aux yeux des Etats-Unis n'ont aucune compétence, puisqu'ils appartiennent à un Etat qui a cessé d'exister.

Il est donc amplement justifié de défendre à la Belgique de soumettre MM. Morrison et Sheppard à une procédure quelconque, de qualifier une telle tentative d'illégale et d'exiger que ces Américains soient soumis à la juridiction consulaire américaine.

Au nom de la justice, au nom de la mission noble et élevée que ces deux hommes exercent dans ce malheureux pays, nous prions le Gouvernement des Etats-Unis de protéger ces témoins de la vérité, et — en même temps — de sauvegarder son propre honneur.

Sous peu, nous verrons si, au Congo devenu belge, les missions évangéliques seront expulsées par le moyen ingénieux de procès qui, par suite de l'organisation défectueuse de la justice dans ce pays, rendraient impossible le travail missionnaire, même si l'on obtenait gain de cause.

Nous savons aussi maintenant quels sont les crimes dont cette honorable Compagnie du Kasai accuse ces missionnaires : ils auraient entamé la bonne réputation (the good name) de cette société par des déclarations fausses à l'égard du traitement des indigènes[1] et l'auraient qualifiée de « Chartered Company », ce qu'elle prétend ne pas être.

Evidemment, ces Messieurs de la Compagnie du Kasai sont tombés dans la même erreur que leur chef et patron, Sa Majesté Léopold II : ils croient pouvoir réunir sur leurs têtes toutes les gloires : celle du négrier et celle du philanthrope. Mais comme il ne fut point donné au roi d'atteindre ce but, les sieurs de la Compagnie n'y parviendront pas non plus.

Je crois que c'est la première fois dans les annales de la jurisprudence de tous les pays, qu'une Compagnie extorquant à des nègres le caoutchouc par tous les moyens, de compte à demi avec l'Etat, se trouve injuriée quand on dit qu'elle est une Compagnie *concessionnaire* (c'est là exactement la traduction de l'expression anglaise) et qu'elle a l'effronterie de traîner devant la justice quelqu'un qui se sert de

---

[1] Lettre de Morrison : *Off. Org.* Congo R. A. Juin 1909, p. 272.

cette épithète ! Mais cela dépeint d'une manière frappante l'hostilité et l'esprit hautain de telles compagnies, toutes puissantes par leur position et qui, étant sûres de leur affaire, ne craignent même plus le ridicule.

Mais il paraît évident que, cette fois, ce n'est pas, au fond, la Compagnie, mais l'Etat même qui fait ce procès. Comme Morrison l'écrit au Directeur de sa mission [1] : « Cette cause doit servir d'exemple, une fois pour toutes, pour faire taire les critiques envers un système qu'on veut à toute force perpétuer au Congo, et pour briser les dernières résistances des amis des noirs. Voilà pourquoi on s'acharne tellement contre le nom même d'une compagnie concessionnaire et à monopole : C'est l'Etat, c'est le même roi qui a régi l'Etat indépendant, qui régit, et plus arbitrairement que jamais, la colonie !

Quant à la seconde partie de l'accusation, au cri de douleur que les missionnaires ont lancé sur le traitement des noirs, nous avons sous les yeux l'article même du journal missionnaire *Kasai Herald*, du 1er janvier 1908, qui contient au dire de cette « Chartered » Compagnie, les assertions injurieuses. Nous le soumettons en entier à nos lecteurs :

---

[1] Lettre de Morrison au Dr Chesler, 24 février 1909.

Du pays des Bakuba. M. H. Sheppard.

Ces hommes et ces femmes, grands, forts, qui de temps immémorial étaient libres, cultivaient librement de larges quantités de maïs, de tabac, de patates, chassant les éléphants pour l'ivoire et les léopards pour leurs peaux, qui avaient toujours leur propre roi et un gouvernement nullement méprisable, des fonctionnaires veillant sur les lois, établis dans tous les villages du royaume, peuple magnifique de 400,000 âmes environ, sont entrés dans un nouveau chapitre de leur histoire. Il y a peu d'années seulement, les voyageurs qui traversaient cette contrée les ont trouvés, occupant des habitations spacieuses, de une à quatre chambres, vivant heureux avec leurs femmes et leurs enfants, une des tribus les plus prospères et les plus intelligentes de l'Afrique, quoique vivant dans un des endroits les plus reculés de la planète. En les voyant si heureux, si occupés, si prospères, on ne pouvait s'empêcher de trouver que ce peuple avait reçu en partage un sort merveilleux.

Mais au cours des trois dernières années : comme ils ont changé ! Leurs champs couverts de mauvaises herbes et de brousse, leur roi un esclave, leurs maisons, pour la plupart ne consistant qu'en une seule pièce à moitié achevée, totalement négligées. Les rues de leur villages ne sont plus propres et bien balayées comme autrefois. Et leurs enfants crient pour avoir du pain.

Pourquoi ce changement ? Voici en peu de mots. Des sentinelles armées de compagnies concess onnaires (chartered) forcent hommes et femmes à passer le plus clair de leur temps, jours comme nuits, dans les bois pour faire du caoutchouc, et le prix qu'ils reçoivent est si maigre qu'ils ne peuvent pas en vivre. Dans la plupart de ces villages, les indigènes n'ont plus le temps d'entendre l'Evangile ou de s'informer du salut de leurs âmes. En face d'un tel état de choses, on ne peut que se joindre à leurs soupirs : notre charge est trop lourde pour être portée !

Tout près de la station missionnaire, du reste, il règne encore quelque prospérité. Les parents envoient leurs enfants à l'école et à l'église. Plusieurs sont en voie de s'instruire pour être un jour des maîtres d'école et des prédicateurs. La partie industrielle de l'œuvre marche très bien. Les cultes sont tenus journellement dans les villages du voisinage. Des écoles du dimanche sont toutes présidées par des évangélistes capables. Le Seigneur répand ses bénédictions sur eux et ils l'apprécient et le prouvent par leurs actes.

En 1800, notre Eglise a envoyé un flambeau lumineux au cœur de l'Afrique en le confiant aux mains du bienheureux Samuel N. Lapsey.

Cette lumière n'est pas éteinte et ne le sera jamais. Les rayons ont pénétré en cent maisons, et la grande route qui mène du centre de l'Afrique au repos glorieux des âmes est éclairée, et des milliers d'hommes marchent résolument sur cette route afin que tous ceux qui ont contribué à envoyer la lumière dans ce pays des ténèbres aient leur part de bénédiction d'en haut.

Voilà le contenu de cet article, qui doit valoir à l'écrivain et à son compagnon une condamnation à 80,000 francs d'amende ou à cinq années de prison *au Congo*, condamnation qui probablement a été prononcée déjà à l'heure qu'il est.

Ajoutons que le rapport du Consul anglais Thesiger, tel qu'il se trouve imprimé dans le *Livre Blanc* officiel du Gouvernement anglais, confirme non seulement les assertions des missionnaires, mais encore donne des détails sur la misère indicible à laquelle les pratiques barbares de la Compagnie du Kasai ont réduit les Bakubas, en comparaison desquelles cet article revêt un caractère presque trop affaibli.

Mais écoutons encore M. Morrison sur la manière absolument inqualifiable dont la justice au Congo l'a traité. Il s'agit en effet d'une accusation privée, non d'une poursuite criminelle menée d'office, d'un procès dont l'issue peut être tout aussi bien favorable à l'accusé que défavorable à l'accusateur; raison de plus pour procéder avec tous les ménagements indiqués en pareille matière et en ne dérangeant l'accusé qu'aussi peu que possible.

Mais voici comment la magistrature congolaise se montre rigide envers ces malencontreux missionnaires : Au lieu de les citer devant un juge au lieu même de leur domicile ou à proximité, pour ne pas les soustraire à leur station, on leur fait faire le voyage d'un bout à l'autre de l'Afrique centrale.

Le directeur de la mission presbytérienne écrit au secrétaire d'Etat M. Knox :

Une circonstance bien remarquable, c'est que le lieu désigné pour le procès sera Léopoldville, à peu près à neuf cent milles anglais de Luebo, où les missionnaires résident, et à peu près mille milles de l'endroit où les témoins Bakuba, qui peuvent confirmer les faits doivent être cherchés. Plus encore : la date des débats a été fixée au 25 mai, juste à une époque de l'année où les basses eaux du fleuve Kasai, selon toute probabilité, rendent impossible la navigation du bateau de la mission sur un parcours de deux cents milles, distance que les accusés auraient à franchir à pied, en caravane. Et tout cela avec les témoins qui devraient prouver le bien fondé de leurs plaintes. Avant cinq mois il ne sera pas possible de retourner par bateau à Luebo, temps pendant lequel les accusés devront rester à Leopoldville, avec leurs témoins, toujours à leurs propres frais.

Tout cela était à prévoir par la magistrature congolaise aussi bien que par tout le monde là-bas : et c'est ainsi qu'on traite les bienfaiteurs du pays qui étaient déjà à l'œuvre, alors qu'il n'était pas encore question de ces compagnies, Chartered ou non, délétères pour toute la race indigène !

Reste encore un point très essentiel : celui des témoins, celui de la preuve ! C'est le le plus noir de ce vilain drame. Ces témoins ne peuvent être que des membres de la tribu des Bakuba, terrorisés par les agents des compagnies, et fort peu disposés à comparaître dans ce procès où la Compagnie lutte pour anéantir ses prétendus ennemis. On connaît, par le procès Stannard, les vengeances auxquelles étaient exposés les malheureux témoins qui déposaient défavorablement envers de tels agents. On connaît le passage du Rapport de la Commission d'enquête (Janssens, Nisco et Schumacher) de 1905, où il est dit que de tels témoins disparaissent généralement sans jamais revoir leur foyer natal, et que des noirs, cités comme tels, préfèrent s'enfuir dans la brousse, au point qu'on doit généralement les transporter comme des accusés, enchaînés, tant la peur d'un tribunal blanc et de tout ce qui s'ensuit pour eux les rend timides.

C'est dire simplement que ces accusés cités à Léopoldville, se trouvent empêchés de faire la preuve de leur véracité, « at a place to which it will be impossible to get any of our witnesses to go willingly », comme dit M. Morrison dans sa lettre citée plus haut.

Et peut-on le blâmer, s'il s'exprime encore ainsi :

« The whole ing is cut and dried between the governm and the company, and of course there will be a verdict against us at the first. >

Le procès a été, sur les instances du gouvernement américain, ajourné au 30 juillet, mais Léopoldville a été maintenu comme siège : c'était un endroit trop commode pour que l'on consentit à un changement !

Chose étrange : en cet instant même les journaux publient une dépêche de Bruxelles disant que le vaillant ami de tous les opprimés, M. Vandervelde, est sur le point de partir une seconde fois pour Boma, afin d'y plaider la cause des deux missionnaires devant la Cour d'Appel qui y a son siège.

Mais, encore une fois, ne serait-il pas infiniment plus simple et plus digne de la part des Etats-Unis de contester la compétence des tribunaux de ce Congo que, en son existence actuelle, l'Amérique n'a jamais reconnu ?

Il plait à Dieu de soumettre ses serviteurs à des épreuves, pour un moment, et de permettre que la vérité soit poursuivie. Il lui plaira de la faire triompher sous peu, nous en sommes certains.

GENÈVE. IMPR. PAUL RICHTER, RUE D' A. VINCENT, 10